JESÚS

pregunta

JA PÉREZ

JESÚS PREGUNTA

Keen Sight Books

Puede encontrarnos en la red en: www.KeenSightBooks.com
Reportar errores de imprenta a errata@keensightbooks.com

ISBN: 978-1-947193-19-2

Printed in the U.S.A.

agradecimientos

A mi Dios, por todo. A mi esposa e hijos, quienes pacientemente me prestan de su tiempo para escribir. A mi equipo por su ardua labor en todo trabajo literario. A mi madre por su ayuda en las correcciones al manuscrito. A nuestros dos hermosos gatos que fielmente me acompañan mientras escribo.

Contenido

Introducción

De 183 preguntas hechas a Jesús, sólo contestó 4 directamente. Las otras 179 las responde con otra pregunta.

Le invito a estudiar la fascinante manera en que Jesús enfrentaba preguntas difíciles, a veces capciosas, a veces curiosas. Su manera y estilo de responder con otras preguntas y retar la inteligencia de quienes preguntaban. La sabiduría detrás de cada pregunta. Y sobre todo, el mensaje y enseñanza que derivan de cada uno de estos eventos.

Espero, este pequeño libro le sea de edificación y bendición. Que sea una breve jornada de descubrimiento, y nos ayude a admirar y aprender más, de las palabras que salen de la boca del Maestro.

1

¿QUÉ BUSCÁIS?

"El siguiente día otra vez estaba Juan, y dos de sus discípulos. Y mirando a Jesús que andaba por allí, dijo: He aquí el Cordero de Dios. Le oyeron hablar los dos discípulos, y siguieron a Jesús. Y volviéndose Jesús, y viendo que le seguían, les dijo: ¿Qué buscáis? Ellos le dijeron: Rabí (que traducido es, Maestro), ¿dónde moras? Les dijo: Venid y ved. Fueron, y vieron donde moraba, y se quedaron con él aquel día; porque era como la hora décima." Juan 1:35-39

Jesús con frecuencia guió a las personas haciéndoles preguntas que les hacían pensar.

Su primera pregunta a sus seguidores fue, "¿Que buscáis?"

Lo que me asombra es que la primera pregunta de Jesús a aquellos que le iban a seguir no fue acerca de Dios, el pecado, sus personas o procedencia.

Es una pregunta que nos muestra directamente, en qué estaba interesado Jesús. Es también una pregunta que nos hace reflexionar sobre la necesidad más apremiante de nosotros los seres humanos. ¿Cúal es nuestra búsqueda?

La pregunta de Jesús nos ofrece que miremos hacia adentro y evaluemos lo que es de mayor importancia para nosotros.

Todos buscamos algo.

Tal vez no hay tragedia tan grande como una vida perdida buscando lo incorrecto.

Hay personas que pasan toda la vida buscando algo sólo para encontrarlo, lograrlo, comprarlo, ganarlo y entonces darse cuenta que no era lo que en realidad buscaban.

No llenó el vacío, no terminó la búsqueda o respondió la pregunta de Jesús.

La mayoría de nosotros buscamos cosas buenas – seguridad, logros, éxito, amor, esperanza – pero no siempre sabemos dónde o cómo encontrarlos.

Jesús está consciente que nos podemos distraer por las preocupaciones del mundo, buscando las cosas correctas en los lugares y maneras incorrectas.

Su pregunta nos detiene lo suficiente para medir si la actividad de nuestras vidas se empareja con lo que verdaderamente importa.

La buena noticia es que la pregunta de Jesús también nos ofrece una mirada al corazón de Él.

En Juan 1:35-39 les ofrece a estos dos hombres una conversación y una relación.

Ellos responden y le preguntan a Jesús donde está viviendo. "Venid," Jesús les dice, "y ved." Él les podría haber dado la dirección de la casa. La invitación de Jesús les muestra que Él verdaderamente quiere estar con ellos. En una breve interacción, Jesús se mueve de una pregunta que nos invita a explorar nuestras vidas y corazones, hacia una invitación a venir y ver si lo que buscamos ultimadamente está en Él.

En un aspecto más general, la palabra de Dios nos enseña, que como seres humanos bajo la influencia del pecado y con una naturaleza caída, en realidad no tenemos interés de buscar a Dios. Pablo nos dice en Romanos "nadie hace lo bueno, nadie busca a Dios" (Rom 3:11) y esto en parte explica por qué buscamos satisfacción y paz en todos los lugares incorrectos.

Sin embargo, el Señor es tan bueno y misericordioso, que es Él quien emprende la tarea de buscarnos a nosotros –el Pastor es quien sale a buscar a la oveja perdida.

Es por eso que el mismo Señor nos dice: "fui hallado por quienes no me buscaban" (Rom 10:20). Un reflejo de la gracia de un Dios amoroso.

2

¿QUIÉN ES MI MADRE? ¿QUIÉNES SON MIS HERMANOS?

"Respondiendo él al que le decía esto, dijo: ¿Quién es mi madre, y quiénes son mis hermanos? Y extendiendo su mano hacia sus discípulos, dijo: He aquí mi madre y mis hermanos. Porque todo aquel que hace la voluntad de mi Padre que está en los cielos, ése es mi hermano, y hermana, y madre."
Mateo 12:48-50

Dios nos creó para estar en comunidad. Estamos diseñados para vivir juntos, no solos o apartados.

Una de las primeras cosas que hizo Jesús al empezar su ministerio público fue de empezar un grupo pequeño. Aceptar la invitación de seguir a Jesús significa que le sigues en comunidad, y no simplemente como un individuo.

Fuimos creados para estar en comunidad – pero no cualquier clase de comunidad.

Fuimos creados para estar en comunidad con aquellos que desean conocer y hacer la voluntad de Jesús. Cuando Jesús pregunta, "¿Quién es mi madre? y ¿Quiénes son mis hermanos?" (Mateo 12:48-50), no es porque está confundido. Está diciendo que Dios está creando una nueva clase de familia – compuesta de cualquier persona que hace la voluntad de su padre celestial. En otras palabras, si nuestra familia biológica fue ideal o no tan ideal, somos invitados a ser parte de la nueva familia de Dios.

Después de redefinir la familia con estas preguntas, Jesús oró por esta nueva familia creada por Dios. De hecho, si eres seguidor de Jesús, puedes leer exactamente lo que Jesús oró por ti en Juan 17.

¿Qué es lo que va tomar para que esta clase de comunidad sea parte regular de tu vida? Encuentra una iglesia local que claramente enseña directamente de la palabra de Dios, La Biblia. ¿Si ya eres parte de este tipo de comunidad, que es lo que Dios te está invitando a hacer para edificar y animarla? Pueda ser que necesitas empezar a servir. O tal vez Dios te va a traer alguien a la mente que puedas llamar, escribir, o mandar un texto para animarlos en su fe en Cristo.

Hay millones de maneras de experimentar el gozo de la comunidad de la cual Dios nos ha creado en participar, pero empieza en crear el tiempo ahora de hacerlo.

3

¿DÓNDE COMPRAREMOS PAN PARA QUE COMAN ÉSTOS?

"Después de esto, Jesús fue al otro lado del mar de Galilea, el de Tiberias. Y le seguía gran multitud, porque veían las señales que hacía en los enfermos. Entonces subió Jesús a un monte, y se sentó allí con sus discípulos. Y estaba cerca la pascua, la fiesta de los judíos. Cuando alzó Jesús los ojos, y vio que había venido a él gran multitud, dijo a Felipe: ¿De dónde compraremos pan para que coman éstos? Pero esto decía para probarle; porque él sabía lo que había de hacer. Felipe le respondió: Doscientos denarios de pan no bastarían para que cada uno de ellos tomase un poco. Uno de sus discípulos, Andrés, hermano de Simón Pedro, le dijo: Aquí está un muchacho, que tiene cinco panes de cebada y dos pececillos; mas ¿qué es esto *para tantos? Entonces Jesús dijo: Haced recostar la gente. Y había mucha hierba en aquel lugar; y se recostaron como en número de cinco mil varones. Y tomó Jesús aquellos panes, y habiendo dado gracias, los repartió entre los discípulos, y los discípulos entre los que estaban recostados; asimismo de los peces, cuanto querían. Y cuando se hubieron saciado, dijo a sus discípulos: Recoged los pedazos que sobraron, para que no se pierda nada. Recogieron, pues, y llenaron doce cestas de pedazos, que de los cinco panes de cebada sobraron a los que habían comido. Aquellos hombres entonces, viendo la señal que Jesús había hecho, dijeron: Éste verdaderamente es el profeta que había de venir al mundo." Juan 6:1-14*

¿Te has sentido como que los recursos que tienes no son lo suficiente para enfrentar los obstáculos que enfrentas?

Claro que sí. También yo.

Tal vez fue un reto financiero, o relacional, o emocional, o más.

Los discípulos de Jesús tuvieron una experiencia similar. Jesús le pregunta a Felipe, "¿De dónde compraremos pan para que coman éstos?" Eventualmente Andrés le dice, "Aquí hay un muchacho que tiene cinco panes de cebada y dos pescados; pero ¿qué es esto para tantos?"

Nos dice que Jesús hizo esta pregunta para probar a Felipe, porque Jesús ya sabía lo que iba a hacer.

Gracias Jesús, muchas gracias.

¿Por qué Jesús hace la pregunta si ya sabía lo que iba hacer?

Parece que Jesús no solamente está interesado en darle de comer a la multitud; también está interesado en crear hambre en los corazones de los discípulos. Hambre de algo más grande que pan.

Los milagros de Jesús nunca son sólo milagros. Siempre hay una enseñanza, una moraleja, un propósito más profundo.

Por eso Él dice que este milagro de multiplicar el pan y los peces es una señal que debemos entender (S. Juan 6:26). Apunta a algo más grande. Jesús nos dice qué es, cuando Él dice "Yo soy el pan de vida."

También este milagro nos revela un principio que se muestra desde tiempos antiguos.

Usa lo que tienes a la mano.

Parece que Dios antes de multiplicar algo, quiere probar nuestro corazón, a ver si estamos dispuestos a desprendernos de lo poco que tenemos y confiar en Él.

Vemos esto en el caso de Elías y la viuda.

> *"Vino luego a él palabra de Jehová, diciendo: Levántate, vete a Sarepta de Sidón, y mora allí; he aquí yo he dado orden allí a una mujer viuda que te sustente. Entonces él se levantó y se fue a Sarepta. Y cuando llegó a la puerta de la ciudad, he aquí una mujer viuda que estaba allí recogiendo leña; y él la llamó, y le dijo: Te ruego que me traigas un poco de agua en un vaso, para que beba. Y yendo ella para traerla, él la volvió a llamar, y le dijo: Te ruego que me traigas también un bocado de pan en tu mano. Y ella respondió: Vive Jehová tu Dios, que no tengo pan cocido; solamente un puñado de harina tengo en la tinaja, y un poco de aceite en una vasija; y ahora recogía dos leños, para entrar y prepararlo para mí y para mi hijo, para que lo comamos, y nos dejemos morir. Elías le dijo: No tengas temor; ve, haz como has dicho; pero hazme a mí primero de ello una pequeña torta cocida debajo de la ceniza, y tráemela; y después harás para ti y para tu hijo." 1 Reyes 17:8-13*

Esta viuda está a punto de morir de hambre y sin embargo, Dios le pide (por medio del profeta) lo poco que tiene a la mano.

La fe de la viuda es demostrada y Dios hace el

milagro de multiplicación.

Mire lo que dice el resto del texto.

> *"Entonces ella fue e hizo como le dijo Elías;*
> *y comió él, y ella, y su casa, muchos días.*
> *Y la harina de la tinaja no escaseó, ni el*
> *aceite de la vasija menguó, conforme a la*
> *palabra que Jehová había dicho por Elías."*
> *1 Reyes 17:15-16*

Un milagro semejante ocurrió en los días del profeta Eliseo.

> *"Una mujer, de las mujeres de los hijos de*
> *los profetas, clamó a Eliseo, diciendo: Tu*
> *siervo mi marido ha muerto; y tú sabes que*
> *tu siervo era temeroso de Jehová; y ha venido*
> *el acreedor para tomarse dos hijos míos por*
> *siervos. Y Eliseo le dijo: ¿Qué te haré yo?*
> *Declárame qué tienes en casa. Y ella dijo: Tu*
> *sierva ninguna cosa tiene en casa, sino una*
> *vasija de aceite. Él le dijo: Ve y pide para ti*
> *vasijas prestadas de todos tus vecinos,*
> *vasijas vacías, no pocas. Entra luego, y*
> *enciérrate tú y tus hijos; y echa en todas*
> *las vasijas, y cuando una esté llena, ponla*
> *aparte." 2 Reyes 4:1-4*

Acá, el profeta Eliseo usa el mismo principio. Primero, la viuda ha de poner en uso lo que tiene a la mano, lo cual es poco, no suficiente para resolver el problema de su deuda, sin embargo, al ponerlo en las manos del Señor, mostrará su fe y esto es exactamente lo que toma para que ocurra el milagro.

Veamos el resultado de su obediencia.

> *"Y se fue la mujer, y cerró la puerta encerrándose ella y sus hijos; y ellos le traían las vasijas, y ella echaba del aceite. Cuando las vasijas estuvieron llenas, dijo a un hijo suyo: Tráeme aún otras vasijas. Y él dijo: No hay más vasijas. Entonces cesó el aceite. Vino ella luego, y lo contó al varón de Dios, el cual dijo: Ve y vende el aceite, y paga a tus acreedores; y tú y tus hijos vivid de lo que quede." 2 Reyes 4:5-7*

¿En qué área de tu vida sientes que tus recursos no son suficientes? ¿Estás dispuesto a traer lo poco que tienes, y confiar en su plan?

Pueda ser que te sorprendas si lo haces: Descubrirás que Él ya sabía lo que iba a hacer. Como los discípulos y las viudas, nosotros también podemos traer lo poco que tenemos y ponerlo en las manos de Jesús confiando que Él lo hará más que suficiente para enfrentar el reto en nuestra mirada.

4

¿ESTO OS OFENDE?

"Este es el pan que descendió del cielo; no como vuestros padres comieron el maná, y murieron; el que come de este pan, vivirá eternamente. Estas cosas dijo en la sinagoga, enseñando en Capernaum. Al oírlas, muchos de sus discípulos dijeron: Dura es esta palabra; ¿quién la puede oír? Sabiendo Jesús en sí mismo que sus discípulos murmuraban de esto, les dijo: ¿Esto os ofende? ¿Pues qué, si viereis al Hijo del Hombre subir adonde estaba primero? El espíritu es el que da vida; la carne para nada aprovecha; las palabras que yo os he hablado son espíritu y son vida. Pero hay algunos de vosotros que no creen."
Juan 6:58-64a

Jesús le preguntó a sus discípulos, "¿Esto os ofende?"

23

Que pregunta tan poderosa.

Hay partes de las enseñanzas de Jesús que pueden ser ofensivas a nuestras sensibilidades naturales. No fue crucificado porque andaba diciéndoles a todos que fueran buenos el uno con el otro. Le gente se ofendía con Él en esos días y lo mismo es verdad ahora.

"Jesús, a mí no me gusta lo que dices de cargar mi cruz. No me gusta que Tu dices bienaventurado cuando le gente me insulte, cuando sufro persecución, y dicen mentiras de mi por ser Tu seguidor. Eso me ofende. No me siento bienaventurado cuando eso sucede."

"Jesús, yo entiendo que no debemos matar a alguien, ¿pero también que no me debo enojar? Eso es ofensivo también."

Jesús responde a esas objeciones al señalar que sus palabras deben ser entendidas espiritualmente: "Las palabras que yo os he hablado son espíritu y son vida" (Juan 6:63). Pero algunos no podían escuchar ni entender esto. Sin confiar en sus corazones, eran sospechosos de sus palabras.

A veces queremos que Jesús sea un "Jesús que no ofenda" – una versión de Jesús que esté de acuerdo con todo lo que yo pienso, que le guste lo que me gusta, y que haga lo que yo quería hacer antes de venir a Él.

Pero ese Jesús no es el Jesús real. Si reduces a Jesús

a un personaje de caricatura que no le es permitido ofenderte, entonces sabrás que este Jesús ficticio no podrá salvarte.

Jesús siempre habló verdad. Él es verdad. Y la verdad puede incomodar, pero ¿quienes son los que se incomodan con la verdad?

Las palabras de Jesús nunca ofendieron a los pecadores, al contrario, los pecadores eran atraídos por sus palabras. La gracia de Dios es atractiva al pecador.

Jesús era amigo de pecadores. Se sentaba a la mesa con ellos, comía con ellos, les enseñaba y les perdonaba.

Sin embargo había otro grupo de personas que se ofendían con cada cosa que Jesús decía. Estos eran los fariseos. Los religiosos de aquel tiempo.

A ellos les molestaba la verdad. Para un religioso, sus reglas y religión son más importante que la verdad.

¿En qué grupo te encuentras tú?

¿Eres un pecador que puede ser salvo por la verdad, o un religioso que se ofende con ésta?

La realidad de ser un seguidor de Jesús es que en este mundo seremos perseguidos, afligidos, y padeceremos algunas otras cosas de la misma manera que Él las padeció, pero estas cosas no son ofensivas, más bien son privilegios.

Es una bienaventuranza padecer persecución, vituperio, y difamación por Él; y es un privilegio poder ser partícipes de sus padecimientos.

"Bienaventurados sois cuando por mi causa os vituperen y os persigan, y digan toda clase de mal contra vosotros, mintiendo. Gozaos y alegraos, porque vuestro galardón es grande en los cielos; porque así persiguieron a los profetas que fueron antes de vosotros."
Mateo 5:11-12

"Y llamando a la gente y a sus discípulos, les dijo: Si alguno quiere venir en pos de mí, niéguese a sí mismo, y tome su cruz, y sígame." Marcos 8:34

"a fin de conocerle, y el poder de su resurrección, y la participación de sus padecimientos, llegando a ser semejante a él en su muerte," Filipenses 3:10

5

¿QUIÉN ES EL SIERVO SABIO Y FIEL?

"Estén ceñidos vuestros lomos, y vuestras lámparas encendidas; y vosotros sed semejantes a hombres que aguardan a que su señor regrese de las bodas, para que cuando llegue y llame, le abran en seguida. Bienaventurados aquellos siervos a los cuales su señor, cuando venga, halle velando; de cierto os digo que se ceñirá, y hará que se sienten a la mesa, y vendrá a servirles. Y aunque venga a la segunda vigilia, y aunque venga a la tercera vigilia, si los hallare así, bienaventurados son aquellos siervos. Pero sabed esto, que si supiese el padre de familia a qué hora el ladrón había de venir, velaría ciertamente, y no dejaría minar su casa. Vosotros, pues, también, estad preparados, porque a la hora que no penséis, el Hijo del Hombre vendrá. Entonces

Pedro le dijo: Señor, ¿dices esta parábola a nosotros, o también a todos? Y dijo el Señor: ¿Quién es el mayordomo fiel y prudente al cual su señor pondrá sobre su casa, para que a tiempo les dé su ración? Bienaventurado aquel siervo al cual, cuando su señor venga, le halle haciendo así. En verdad os digo que le pondrá sobre todos sus bienes. Mas si aquel siervo dijere en su corazón: Mi señor tarda en venir; y comenzare a golpear a los criados y a las criadas, y a comer y beber y embriagarse, vendrá el señor de aquel siervo en día que éste no espera, y a la hora que no sabe, y le castigará duramente, y le pondrá con los infieles. Aquel siervo que conociendo la voluntad de su señor, no se preparó, ni hizo conforme a su voluntad, recibirá muchos azotes. Mas el que sin conocerla hizo cosas dignas de azotes, será azotado poco; porque a todo aquel a quien se haya dado mucho, mucho se le demandará; y al que mucho se le haya confiado, más se le pedirá."
Lucas 12:35-48

Es fácil pensar que existen dos siervos en la parábola de Jesús (Lucas 12:35-48): el siervo fiel y el infiel. Sin embargo, es solamente un siervo enfrentado con dos posibles alternativas, y Jesús explicando las consecuencias de ambas opciones.

Por eso dice, "Pero si aquel siervo dice en su corazón…"

Tenemos la opción de elegir nuestras opciones pero no nuestras consecuencias. No es suficiente reconocer lo que Dios está pidiendo de nosotros; tenemos que seguir adelante y hacerlo. Jesús dice a la multitud, "es prudente cualquiera, pues, que me oye estas palabras y las pone en práctica" (Mateo 7:24).

El servicio está al centro de la naturaleza de Dios. Por eso Jesús nos da la imagen (en Lucas 12:37) del señor que lo solamente le interesa ser servido pero servir también.

Dios te creó con talentos, habilidades, y experiencias únicas.

Él te ha puesto en el lugar exacto donde vives rodeado de personas que conoces todos los días. Tendrás la oportunidad de servir a los demás en el nombre de Jesús ahora. Recuerda, que es un privilegio, y no un castigo.

No es que "tienes que", sino que "recibes la oportunidad" de vivir el propósito y llamado del cual Dios te ha creado para vivir.

Un siervo fiel reconoce y responde a la invitación de Dios de vivir para algo más grande que nosotros mismos.

El siervo que está listo se encarga de completar la tarea que su Señor le ha encargado. Mira con ojos de fe ahora. ¿En qué te está Dios invitando a servir a otra persona en el nombre de Jesús? ¿Lo harás?

Dios te recompensará en todo lo que harás para servir su propósito en la vida de aquellos que te rodean (Lucas 12:43).

6

¿NO HAN LEÍDO LAS ESCRITURAS?

"Unos fariseos se acercaron y trataron de tenderle una trampa con la siguiente pregunta: —¿Se permite que un hombre se divorcie de su esposa por cualquier motivo? Jesús respondió: —¿No han leído las Escrituras? Allí está escrito que, desde el principio, "Dios los hizo hombre y mujer". —Y agregó—: "Esto explica por qué el hombre deja a su padre y a su madre, y se une a su esposa, y los dos se convierten en uno solo". Como ya no son dos sino uno, que nadie separe lo que Dios ha unido." Mateo 19:3-6

En este texto, Jesús responde a una pregunta con otra pregunta como muchas veces hace. "¿No han leído las Escrituras?" Él pregunta.

Como es un grupo de Fariseos educados que le

hacía la pregunta original, Él sabe que lo han hecho.

Ellos no preguntan porque no saben lo que está escrito. Ellos preguntan por qué no quieren vivir conforme a lo que dice las escrituras.

Queremos respuestas.

Jesús quiere que miremos más a fondo a lo que motiva nuestras preguntas.

Muy seguido, el problema no es si hemos leído la Biblia. El problema es que no queremos obedecerla.

Podemos pensar que la clave de seguir a Jesús es aprender más. Si tu fe en Jesús es algo nuevo, pueda que este sea el caso. No puedes seguir lo que no conoces. Sin embargo, para otros que han estado en la fe más tiempo, podemos sufrir de la "obesidad de información," recibiendo más información de las escrituras que estamos dispuestos a aplicar.

"¿No han leído las Escrituras?" La pregunta de Jesús nos recuerda del gran obsequio que tenemos en la palabra de Dios.

No tenemos que adivinar cual es la voluntad de Dios para nuestras vidas.

En otra ocasión Satanás trató de tentar a Jesús tres veces. Cada vez, Jesús citó las escrituras. De hecho, Él nos recuerda que no solo de pan viviremos pero de toda palabra que viene de la boca de Dios.

El discipulado siempre tiene una tendencia de producir acción.

Cuando llegamos a las escrituras debemos preguntar dos preguntas. La primera es, "¿Qué es lo que la palabra de Dios verdaderamente dice?"

Preguntamos esto porque a veces creemos cosas que en realidad Dios nunca dice.

La segunda pregunta es, "¿Qué es lo que haré con la palabra de Dios?" Si venimos a la palabra de Dios listos a aprender y obedecer, confiando que será para nuestro bien, creceremos como discípulos de Jesús.

7

¿POR QUÉ ESTÁIS TRISTES?

"Y he aquí, dos de ellos iban el mismo día a una aldea llamada Emaús, que estaba a sesenta estadios de Jerusalén. E iban hablando entre sí de todas aquellas cosas que habían acontecido. Sucedió que mientras hablaban y discutían entre sí, Jesús mismo se acercó, y caminaba con ellos. Mas los ojos de ellos estaban velados, para que no le conociesen. Y les dijo: ¿Qué pláticas son estas que tenéis entre vosotros mientras camináis, y por qué estáis tristes? Respondiendo uno de ellos, que se llamaba Cleofas, le dijo: ¿Eres tú el único forastero en Jerusalén que no has sabido las cosas que en ella han acontecido en estos días? Entonces él les dijo: ¿Qué cosas? Y ellos le dijeron: De Jesús nazareno, que fue varón profeta, poderoso en obra y en palabra delante de Dios y de todo el

pueblo; y cómo le entregaron los principales sacerdotes y nuestros gobernantes a sentencia de muerte, y le crucificaron. Pero nosotros esperábamos que él era el que había de redimir a Israel; y ahora, además de todo esto, hoy es ya el tercer día que esto ha acontecido. Aunque también nos han asombrado unas mujeres de entre nosotros, las que antes del día fueron al sepulcro; y como no hallaron su cuerpo, vinieron diciendo que también habían visto visión de ángeles, quienes dijeron que él vive. Y fueron algunos de los nuestros al sepulcro, y hallaron así como las mujeres habían dicho, pero a él no le vieron. Entonces él les dijo: ¡Oh insensatos, y tardos de corazón para creer todo lo que los profetas han dicho! ¿No era necesario que el Cristo padeciera estas cosas, y que entrara en su gloria? Y comenzando desde Moisés, y siguiendo por todos los profetas, les declaraba en todas las Escrituras lo que de él decían. Llegaron a la aldea adonde iban, y él hizo como que iba más lejos. Mas ellos le obligaron a quedarse, diciendo: Quédate con nosotros, porque se hace tarde, y el día ya ha declinado. Entró, pues, a quedarse con ellos. Y aconteció que estando sentado con ellos a la mesa, tomó el pan y lo bendijo, lo partió, y les dio. Entonces les fueron abiertos los ojos, y le reconocieron; mas él se desapareció de su vista. Y se decían el uno al otro: ¿No ardía nuestro corazón en nosotros, mientras nos

hablaba en el camino, y cuando nos abría las Escrituras? Y levantándose en la misma hora, volvieron a Jerusalén, y hallaron a los once reunidos, y a los que estaban con ellos, que decían: Ha resucitado el Señor verdaderamente, y ha aparecido a Simón."
Lucas 24:13-34

"¿Qué es lo que más te preocupa?"

¿Por qué pregunta? ¿Por qué no solamente dice, "Ya lo sé"? Es porque Jesús no está buscando información; Él busca relación.

Cuando estos en el camino a Emaús mencionan sobre las cosas que han estado aconteciendo en Jerusalén, Jesús les pregunta, "¿Qué cosas?", como si no tuviera conocimiento de éstas.

Es reconfortante saber que cuando oras, Jesús ya sabe tu necesidad, sin embargo desea escuchar tus preocupaciones.

Sus discípulos empiezan a hablar: "Pensábamos que Jesús era el Mesías que venía a rescatar a Israel." Jesús les había decepcionado, o así pensaban. Él no cumplió con sus esperanzas y expectativas. Es por eso que salían de la ciudad en camino a Emaús.

Bien dijo Frederick Buechnher, "Emaús es donde vas cuando las cosas no salen como esperabas".

¿Dónde está tu Emaús? ¿Dónde es el lugar que tu vas cuando Dios te ha decepcionado?

Para algunos es la comida, para otros es la adicción al trabajo o exceso de entretenimiento, otros se van a las drogas, adicciones secretas u otras cosas para escapar el dolor de la decepción.

Todos tenemos nuestro propio Emaús.

La respuesta de Jesús es interesante.

El les desafía que no creen las escrituras. ¡Ni menciona la tumba vacía o el testimonio de los demás discípulos y que ha resucitado! En vez, usa las escrituras para corregir los malentendidos. En hacer esto, Jesús le da una nueva definición a una esperanza antigua.

Nuestra esperanza en Cristo no es que todo va a salir como lo esperamos.

Nuestra esperanza es que cuando las cosas no salen como esperábamos, Dios aun obra para nuestro bien.

> *"Y sabemos que a los que aman a Dios, todas las cosas les ayudan a bien, esto es, a los que conforme a su propósito son llamados."*
> *Romanos 8:28*

Si la vida no está saliendo como esperabas o querías, antes de salir para Emaús, recuerda lo que dice Jesús,

"En esta vida tendrás tribulación, pero confiad, Yo he vencido al mundo" (Juan 16:33). ¿Antes de salir para Emaús, es posible que Dios esté haciendo su mejor trabajo en tí ahora? ¿Te has detenido para hablar con Dios acerca de esto? ¿Qué es lo que más te preocupa? Si estás dispuesto a hablar con Jesús, puedes confiar que Él está dispuesto a escuchar y atender.

Trasfondo

Dr. JA Pérez

Escritor, humanitario, moldeador de culturas y precursor de movimientos de cosecha en América Latina.

Ha escrito más de 50 libros en varios géneros, como teología, escatología, liderazgo, y sobre temas para la familia y los retos de la vida cotidiana.

Además, sostiene conferencias para líderes donde asiste a intelectuales, así como a iletrados, en la adquisición de destrezas esenciales y soluciones pragmáticas para comunicar esperanza con valentía en entornos complejos, y a veces hostiles.

Sus concentraciones masivas y misiones humanitarias han atraído grandes multitudes durante años en América Latina.

Él, su esposa y sus tres hijos, viven en un suburbio de San Diego en California, desde donde se coordinan todos los proyectos de la asociación que lleva su nombre.

Otros Libros por JA Pérez

Dr. JA Pérez ha escrito más
de 50 libros y manuales de
entrenamiento. Todos sus
libros están disponibles en
Amazon.com así como
en librerías y tiendas
mundialmente. Libros
con temas para la familia,
empresa, liderazgo,
economía, profecía bíblica,
devocionales, inspiracionales,
evangelismo y teología.

Serie Líderes

Esta serie está compuesta por doce manuales, con ejercicios y espacios para notas y tareas, de manera que el alumnado pueda recordar y poner en práctica cada uno de los principios aprendidos.

Los principios comprendidos en estos doce manuales también se encuentran en el libro **12 Fundamentos de Liderazgo** para ser usado en lectura regular.

LIDERAZGO
IRREVOCABLE

JA PÉREZ

LIDERAZGO
INTELIGENTE

JA PÉREZ

LIDERAZGO
y CONSORCIOS

JA PÉREZ

LIDERAZGO
y GOBIERNOS

JA PÉREZ

LIDERAZGO
PRODUCTIVO

JA PÉREZ

LIDERAZGO
y CAPITAL INFLUYENTE

JA PÉREZ

LIDERAZGO
INSPIRACIONAL

JA PÉREZ

LIDERAZGO
TRANSPARENTE

JA PÉREZ

LIDERAZGO
y SISTEMAS

JA PÉREZ

LIDERAZGO
y DESARROLLOS

JA PÉREZ

LIDERAZGO
INVISIBLE

JA PÉREZ

LIDERAZGO
y LEGADO

JA PÉREZ

Series Conferencias

Discipulado para Nuevos Creyentes y Estudios de Grupos

Liderazgo, Gobierno y Diplomacia

Inspiración y Creatividad en Liderazgo

Temas Varios

Crecimiento Espiritual, Teología, Principios de Vida y Relaciones — Recientes

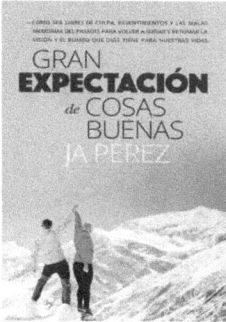

GRAN **EXPECTACIÓN** de COSAS BUENAS
JA PÉREZ

FELIZ
JA PÉREZ
LIBRO INTERACTIVO

COMO PROSPERAR
CON HUMILDAD
JA PÉREZ

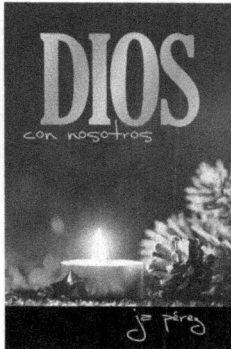

DIOS con nosotros
ja pérez

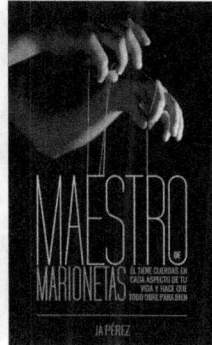

MAESTRO DE MARIONETAS
JA PÉREZ

Profecía Bíblica

LA MUERTE
y cómo librarte de ella
JA PÉREZ

40 PROFECÍAS CUMPLIDAS
J.A.PÉREZ

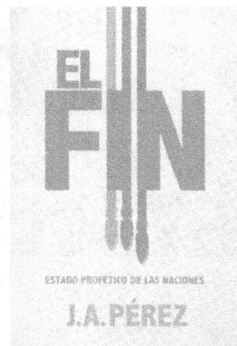

EL FIN
ESTADO PROFÉTICO DE LAS NACIONES
J.A.PÉREZ

Evangelismo y Colaboración

GRACIA SOBERANA — SU SACRIFICIO fue SUFICIENTE — JA PÉREZ

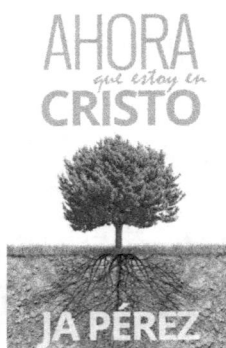

AHORA que estoy en CRISTO — JA PÉREZ

COMO COMPARTIR LAS BUENAS NOTICIAS — JA PÉREZ

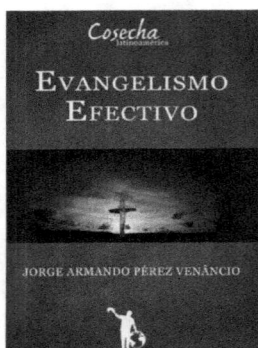

Cosecha Latinoamérica — EVANGELISMO EFECTIVO — JORGE ARMANDO PÉREZ VENÂNCIO

JUNTOS XEL CONTINENTE — JA PÉREZ

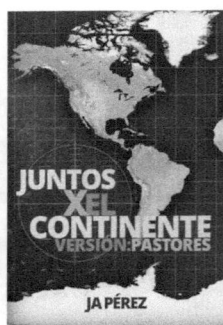

JUNTOS XEL CONTINENTE VERSIÓN:PASTORES — JA PÉREZ

Festivales y Concentraciones — Juntos En la Jornada

Festivales y Concentraciones — Juntos En la Cosecha

Festivales y Concentraciones — Juntos Concejo Internacional

Devocionales

Ficción

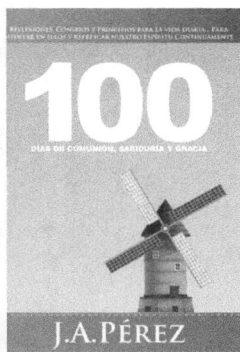

REFLEXIONES, CONSEJOS Y PRINCIPIOS PARA LA VIDA DIARIA... PARA VIVIRLA EN DIOS Y REFRESCAR NUESTRO ESPÍRITU CONSTANTEMENTE

100

DÍAS DE COMUNIÓN, SABIDURÍA Y GRACIA

J.A. PÉREZ

100
DÍAS de MILAGROS

JA PÉREZ

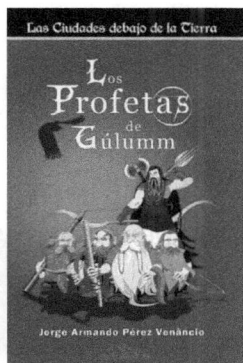

Las Ciudades debajo de la Tierra

Los Profetas de Gúlumm

Jorge Armando Pérez Venáncio

Crecimiento Espiritual, Principios de Vida y Relaciones — Clásicos

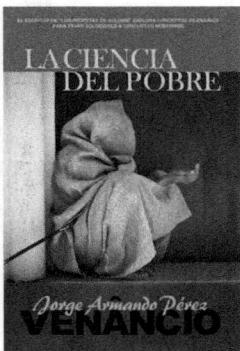

LA CIENCIA DEL POBRE

Jorge Armando Pérez
VENANCIO

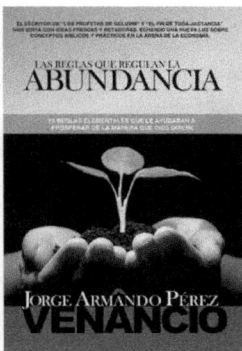

LAS REGLAS QUE REGULAN LA
ABUNDANCIA

JORGE ARMANDO PÉREZ
VENANCIO

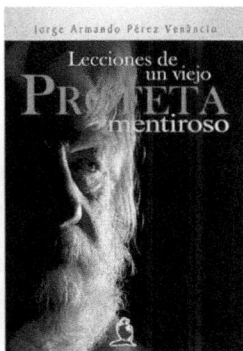

Jorge Armando Pérez Venáncio

Lecciones de un viejo
PROFETA
mentiroso

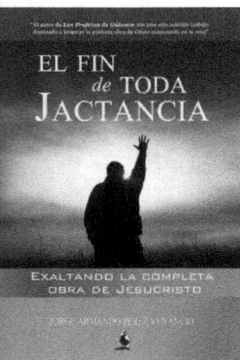

EL FIN de TODA JACTANCIA

EXALTANDO LA COMPLETA
OBRA DE JESUCRISTO

JORGE ARMANDO PÉREZ VENANCIO

Las Suegras

7 principios para superar las relaciones entre suegras y nueras

Jorge Armando Pérez Venáncio

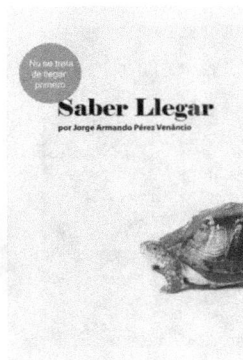

No se trata de llegar primero

Saber Llegar
por Jorge Armando Pérez Venáncio

English

Evangelism and Collaboration

COLLAB ORATION
YOUR KINGDOM OR HIS KINGDOM

COLLABORATION
IOI
for EVANGELISTS

COLLABORATION
IOI
for CHURCHES

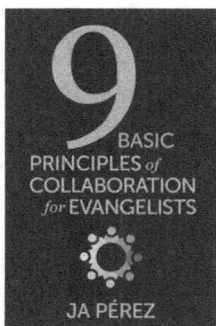

9 BASIC PRINCIPLES of COLLABORATION for EVANGELISTS

JA PÉREZ

Festivals and Celebrations

Together | Collaborate

Festivals and Celebrations

Together | International Council

Contacte / siga al autor

Blog personal y redes sociales

japerez.com

@japereznow

facebook.com/japereznow

Asociación JA Pérez

japerez.org

Keen Sight Books

www.ingramcontent.com/pod-product-compliance
Lightning Source LLC
LaVergne TN
LVHW051608080426
835510LV00020B/3184